PAIDEIA
ÉDUCATION

MARCEL PROUST

Le Temps retrouvé

Analyse littéraire

Paideia éducation

© Paideia éducation.

1 rue Honoré - 93500 Pantin.

ISBN 978-2-75930-384-7

Dépôt légal : Novembre 2019

Impression Books on Demand GmbH

In de Tarpen 42

22848 Norderstedt, Allemagne

SOMMAIRE

- Biographie de Marcel Proust 9

- Présentation du *Temps retrouvé* 13

- Résumé du roman 17

- Les raisons du succès 31

- Les thèmes principaux 37

- Étude du mouvement littéraire 43

- Dans la même collection 49

BIOGRAPHIE DE MARCEL PROUST

Marcel Proust, né le 10 juillet 1871 dans le quartier d'Auteuil à Paris, a marqué la littérature française et mondiale par son œuvre magistrale, *À la recherche du temps perdu*. Issu d'une famille aisée, son père Adrien était un médecin reconnu et sa mère Jeanne Weil provenait d'une famille juive aisée. Malgré une enfance marquée par des troubles respiratoires, Proust développe très tôt un vif intérêt pour la littérature et l'art, fréquentant les salons aristocratiques et se liant d'amitié avec de nombreux artistes et écrivains.

Sa scolarité au lycée Condorcet à Paris lui permet de tisser des amitiés importantes, notamment avec Robert Dreyfus et Daniel Halévy, et de s'initier à l'écriture. Après son service militaire en 1889-1890, il entreprend des études de droit et de science politique tout en se lançant dans le monde littéraire. En 1896, il publie *Les Plaisirs et les Jours*, un recueil de poèmes et de nouvelles. Durant cette période, il côtoie le tout-Paris et se lie notamment avec le compositeur Reynaldo Hahn, avec qui il entretient une relation.

Proust se fait également remarquer par son engagement en faveur d'Alfred Dreyfus, récoltant des signatures pour soutenir Émile Zola. Il traduit les œuvres de John Ruskin, ce qui l'amène à visiter Venise, une expérience marquante qui influencera son écriture. La mort de sa mère en 1905 et celle d'Adrien Proust deux ans plus tôt plongent Marcel dans une profonde tristesse, marquant un tournant dans sa vie et son œuvre.

En 1907, Proust commence la rédaction de *À la recherche du temps perdu*, publiant *Du côté de chez Swann* en 1913 à compte d'auteur. Cette publication lui apporte une reconnaissance critique, même si le succès n'est pas immédiat. L'obtention du prix Goncourt en 1919 pour *À l'ombre des jeunes filles en fleurs* consacre son talent. Les volumes suivants, publiés de son vivant et à titre posthume, achèveront de construire le monument littéraire que représente *À la recherche du temps perdu*, un témoignage sans pareil sur la société française du début du XXe siècle, explorant les thèmes de la mémoire, de l'amour, de l'art et de l'homosexualité.

Proust explore ouvertement l'homosexualité, thème révolutionnaire pour l'époque, notamment à travers les personnages de ses romans. Sa propre vie sentimentale reste complexe et discrète, marquée par ses relations avec des hommes, tout en maintenant des liens étroits avec plusieurs femmes de l'aristocratie parisienne qui inspireront certains des personnages de ses œuvres.

Malgré sa santé fragile, aggravée par son asthme, Marcel Proust poursuit son travail d'écriture avec acharnement, révisant incessamment ses textes. Son existence, rythmée par des nuits d'écriture et des journées passées au lit, ainsi que par des séjours fréquents dans des lieux de villégiature, reflète sa quête incessante de matériaux pour son œuvre.

Marcel Proust s'éteint le 18 novembre 1922, laissant derrière lui une œuvre incomplète mais monumentale, qui continue d'être étudiée et admirée dans le monde entier. Sa contribution à la littérature moderne est inestimable, faisant de lui l'un des plus grands écrivains du XXe siècle. Son héritage perdure, tant par la richesse de sa prose et la profondeur de ses analyses psychologiques que par son exploration novatrice de la mémoire et du temps.

PRÉSENTATION
DU TEMPS RETROUVÉ

Le Temps retrouvé, dernier volume de *À la recherche du temps perdu*, publié en 1927 à titre posthume, est l'aboutissement du long parcours initiatique du narrateur. Ce livre, conçu comme une résolution des thèmes développés dans les tomes précédents, rassemble et éclaire les expériences, les réflexions et les souvenirs qui ont jalonné son existence.

D'un point de vue organisationnel, l'ouvrage s'ouvre sur une période marquée par la guerre. Le narrateur retrouve un Paris transformé par le conflit, où le monde aristocratique et mondain qu'il avait fréquenté n'est plus qu'une ombre de lui-même. Cette première partie, à travers des observations détaillées et un ton parfois ironique, marque une prise de conscience de la vanité et de l'éphémère de certaines préoccupations sociales.

Puis, une autre séquence du livre le confronte aux ravages du temps sur les êtres et les lieux. En revoyant les personnages autrefois admirés ou jalousés, il perçoit leur déclin physique, ce qui l'amène à comprendre que les cercles qu'il fréquentait ne sont pas immuables. Il assiste à une inversion des rôles sociaux : ceux qui régnaient autrefois sur le monde de la haute société sont devenus ridicules ou oubliés. Cette évolution souligne l'illusion des gloires mondaines et prépare la grande révélation du livre.

C'est dans une section plus introspective que le narrateur accède enfin à une vérité qui lui échappait jusque-là. Un enchaînement d'événements, déclenché par des sensations involontaires – comme la fameuse expérience d'une dalle pavée sur laquelle il trébuche –, lui fait comprendre que le passé n'est pas définitivement perdu. Il découvre que certains instants oubliés peuvent ressurgir avec une intensité fulgurante et qu'ils contiennent une richesse inestimable.

Dans les dernières pages, il entrevoit enfin le projet qu'il doit mener : l'écriture. Il comprend que seule la mise en mots peut fixer et transcender ces instants fugitifs. Ce dernier volume devient alors un miroir du livre tout entier, une boucle où le commencement et la fin se rejoignent, donnant à l'ensemble une unité insoupçonnée.

La manière dont l'histoire est racontée dans cet ultime tome repose sur un travail minutieux de composition. Le temps y est fluide, mêlant rétrospection et projection, sans suivre un déroulement linéaire. Les souvenirs ne surgissent pas selon un ordre strict mais selon des associations d'idées et des résurgences sensorielles, en un mouvement sinueux et imprévisible. Cette liberté dans la progression renforce l'impression d'une pensée en train de se faire, d'une méditation en perpétuelle recomposition.

La façon dont le texte est conçu est également remarquable. L'attention portée aux perceptions, aux infimes variations des sentiments, et la précision du vocabulaire donnent aux scènes une densité rare. Le travail sur les phrases, longues et sinueuses, épouse le mouvement même de la réflexion. Chaque détour, chaque incise, chaque retour en arrière mime la complexité du souvenir et du temps. L'ensemble, d'une extrême cohérence, propose ainsi une expérience où la réflexion sur la mémoire se confond avec son expression même.

Le Temps retrouvé clôt *À la recherche du temps perdu* en révélant son véritable sens. Ce n'est pas seulement le récit d'une vie qui s'achève, mais la découverte d'une nécessité absolue : celle de transformer l'expérience en œuvre. Ce dernier livre élève ainsi toute l'entreprise proustienne à son aboutissement, où l'acte d'écrire devient la seule manière de donner un sens à l'existence.

RÉSUMÉ DU ROMAN

Chapitre I : Tansonville

Le narrateur séjourne à Tansonville, la propriété de Gilberte, où il passe de longues heures dans sa chambre, contemplant la nature environnante. Il aperçoit au loin le clocher de Combray, ce qui fait resurgir en lui le poids du passé et la distance temporelle entre son enfance et le présent.

Lors de promenades avec Gilberte, elle lui parle du comportement distant de son mari, Robert de Saint-Loup, qui semble s'éloigner d'elle pour d'autres femmes. Cependant, le narrateur sait que Robert mène une vie secrète marquée par des fréquentations équivoques.

Une nuit, le narrateur se réveille brusquement et, dans un réflexe involontaire, appelle Albertine, son amour disparu. Ce n'est pas un acte conscient, mais une réminiscence physique, une mémoire des gestes qui survit aux souvenirs affectifs.

Robert de Saint-Loup vient à plusieurs reprises à Tansonville. Il a beaucoup changé : loin de s'alourdir avec l'âge, il a adopté l'apparence nerveuse et rapide d'un officier de cavalerie, cultivant une allure vive qui masque un profond malaise intérieur. Il est tiraillé entre des mensonges incessants envers Gilberte et des simulacres d'émotions exagérées pour masquer ses tromperies. Son comportement oscillant entre froideur et manifestations excessives de regret suscite chez sa femme des doutes constants.

Le narrateur constate également l'étrange relation entre Saint-Loup et Morel, le violoniste protégé de M. de Charlus. Françoise, la fidèle domestique, observe sans jugement ces relations de protection entre hommes influents et jeunes gens ambitieux, les considérant comme une coutume naturelle.

Au fil des jours, le narrateur discute avec Gilberte, qui évoque la jalousie et les amours interdites de son entourage.

Lorsqu'il l'interroge sur Albertine, elle nie toute rumeur sur une éventuelle attirance pour les femmes, en contradiction avec ce que le narrateur avait autrefois entendu. Cette divergence de témoignages nourrit ses doutes sur la véritable nature d'Albertine et sur les illusions qu'il avait pu entretenir à son sujet.

Gilberte cherche à plaire à Robert en imitant Rachel, une ancienne actrice qu'il avait aimée, et va jusqu'à se maquiller à l'excès, au point que son apparence en devient presque grotesque. De son côté, Robert, malgré ses infidélités, semble prisonnier d'un paradoxe affectif : il veut prouver son amour à sa femme tout en poursuivant ailleurs des désirs qu'il ne peut assumer.

À la fin du chapitre, le narrateur lit un volume du journal des Goncourt, qui lui inspire une réflexion profonde sur la littérature et la réalité. Il réalise à quel point la mémoire déforme les souvenirs et comment les récits embellissent ce qui, dans la vie réelle, lui avait semblé insignifiant. Cette lecture, combinée à son retour à Tansonville et à ses réminiscences, renforce en lui l'idée que l'écriture pourrait être un moyen de fixer et de donner un sens à ses expériences passées.

Ce chapitre marque ainsi une étape clé dans la prise de conscience du narrateur : les illusions du monde social, la transformation des êtres, et la nécessité de transmuter la mémoire en œuvre.

Chapitre II : M. de Charlus pendant la guerre ; ses opinions, ses plaisirs

Le narrateur revient à Paris en 1916 et, désireux d'entendre parler de la guerre, décide de rendre visite à Mme Verdurin. Il décrit la transformation du monde mondain sous l'effet du conflit : les femmes, arborant des tenues inspirées de la guerre, continuent d'afficher une élégance justifiée par le besoin de plaire aux soldats. Les musées étant fermés, la mode devient le principal refuge du goût artistique. On assiste à une exaltation de la coquetterie sous couvert de civisme et de patriotisme.

Dans les salons parisiens, les rapports sociaux ont changé. De nouvelles figures mondaines émergent et dictent les codes de l'élégance et des discussions, notamment autour des événements militaires. Mme Verdurin et Mme Bontemps règnent sur ce Paris de la guerre, qui rappelle au narrateur l'époque du Directoire. L'ancien salon Sainte-Euverte a perdu de son prestige, tandis que les nouvelles personnalités attirent l'attention, souvent au détriment des anciennes figures aristocratiques.

Le narrateur évoque la transformation politique et sociale du monde mondain, notamment à travers la figure de M. Bontemps, ancien dreyfusard devenu patriote en raison des évolutions politiques. La mémoire collective a rapidement effacé les stigmates de l'affaire Dreyfus, de sorte que les anciens adversaires se retrouvent désormais du même côté.

Dans les rues de Paris, l'obscurité imposée par la guerre transforme la ville en un lieu presque campagnard. Le narrateur imagine à quoi aurait ressemblé une rencontre avec Albertine dans ces conditions nocturnes. Il évoque aussi les permissionnaires, dont le retour temporaire dans la capitale lui donne le sentiment étrange de côtoyer des survivants d'un autre monde.

Saint-Loup lui rend une courte visite avant de repartir au front. Il affiche une attitude détachée et ironique vis-à-vis de la guerre, bien qu'il soit en réalité pleinement engagé dans le combat. Le narrateur se remémore leur conversation à Doncières sur la stratégie militaire et constate que certaines idées de Saint-Loup se sont avérées justes. Il lui parle aussi des raids de zeppelins sur Paris et de la transformation de la ville sous la menace constante des attaques aériennes.

Enfin, le narrateur se rend chez Mme Verdurin mais, en chemin, rencontre M. de Charlus, dont la réputation s'est détériorée. Ce dernier, autrefois influent, est désormais perçu comme un personnage démodé et suspect en raison de ses supposées affinités avec l'Allemagne. Mme Verdurin, toujours avide de pouvoir, entretient un salon où se mêlent discussions politiques et intrigues mondaines, tandis que la guerre semble reléguée au second plan pour ceux qui continuent de chercher plaisir et reconnaissance sociale.

Dans cette seconde partie du chapitre II du roman, le narrateur commence par constater que M. de Charlus n'éprouve pas de réel attachement patriotique et ne souhaite pas la victoire totale de la France. Il n'est pas pour autant consciemment « pro-allemand », mais il ne peut s'empêcher d'éprouver de la pitié pour les souffrances de l'ennemi et se sent plus irrité par l'aveuglement et l'optimisme naïf de nombreux Français que par la force de l'Allemagne.

Le texte souligne d'abord que la passion nationale, semblable à une querelle amoureuse ou familiale, fausse la logique de ceux qui s'y livrent : chaque camp est persuadé d'avoir raison. Or, pour être « convaincu du bon droit de son pays », mieux vaut, dit Proust, y être viscéralement attaché plutôt que de disposer d'un jugement théorique. M. de Charlus est privé de cet élan patriotique, en partie parce que sa mère était d'origine bavaroise, en partie parce que sa sensibilité personnelle l'incline à une compassion spontanée pour les vaincus. Le narrateur, lui, réalise que s'il avait été dénué de patriotisme, comme M. de Charlus, sa perception de la querelle franco-allemande aurait elle aussi changé.

Ensuite, on voit à quel point M. de Charlus, se tenant à l'écart des enthousiasmes nationaux, supporte mal les jugements simplistes et les « faux raisonnements » des patriotes français (dont certains journalistes). Il déteste leur triomphalisme, leurs pronostics sans cesse démentis, leur aveuglement sur la puissance réelle de l'ennemi. Il réprouve la joie féroce qu'ils manifestent à l'idée d'« écraser » l'Allemagne et confie ses élans de pitié pour les populations affamées de l'autre camp. Dans le même temps, il exècre la sottise belliqueuse que l'on attribue aux Allemands lorsqu'il rencontre en France des imbéciles tout aussi arrogants et patriotes.

Puis, l'auteur souligne la « culture extraordinairement féconde » des haines chez M. de Charlus, né de son tempérament violent et de la guerre qui avive toutes ses antipathies. Il explique aussi que le baron, grand connaisseur des vices et perversions d'autrui, rêve d'humilier en public certains chroniqueurs français hypocrites qui fustigent les débauches chez les souverains ennemis tout en dissimulant leurs propres turpitudes. Il y a également, chez M. de Charlus, d'autres motifs de germanophilie : son attrait pour la cruauté, qui accompagne son goût érotique, et son admiration paradoxale pour l'Allemagne, identifiée, dans son esprit, à certains personnages tourmentés de Dostoïevski.

Le narrateur fait un détour sur le prolongement indéfini de la guerre. Il évoque les rumeurs de paix toujours démenties, les alarmes aériennes qui rythment les nuits parisiennes, et le bourdonnement ininterrompu des avions français sur la capitale pour la protéger. Le danger est si réel qu'au moindre raid, la sirène retentit ; cependant, la vie continue, et les journaux, partiellement censurés, persistent dans un langage d'emphase et de clichés patriotiques.

Brichot, figure intellectuelle devenue journaliste patriotique, est lui-même moqué par Mme Verdurin, qui tourne en ridicule ses citations trop savantes et son emploi abusif du « je ». Les milieux mondains oscillent entre l'admiration et la moquerie à son égard : sa rhétorique, trop pesante ou répétitive, amuse autant qu'elle agace. Les Verdurin, désormais liés à un « monde nouveau » grâce à la guerre, laissent de côté leurs fidèles d'antan comme Brichot, qu'ils ridiculisent volontiers devant les gens du faubourg Saint-Germain.

Chapitre III : Matinée chez la princesse de Guermantes

Le narrateur séjourne dans une nouvelle maison de santé qui ne lui apporte pas plus de guérison que la précédente. Après un long séjour, il rentre à Paris en train. Pendant le voyage, il est frappé par une pensée qu'il avait autrefois eue : son absence de talent littéraire. Cette idée, qu'il avait d'abord perçue du côté de Guermantes, puis confirmée à Tansonville en lisant le journal des Goncourt, lui revient avec une intensité nouvelle et une amertume plus profonde. Il observe sans émotion les arbres éclairés par le soleil couchant et prend conscience que la nature ne lui parle plus, signe qu'il n'est pas un véritable artiste. Il tente de se rassurer en pensant que l'observation des hommes pourrait remplacer cette inspiration perdue, mais il sait que cette consolation est illusoire.

Arrivé à Paris, il trouve des invitations à des événements mondains, dont une matinée chez le prince de Guermantes. Se sentant incapable d'écrire et doutant même de la réalité de la littérature, il décide d'y assister. Ce choix est motivé moins par un attrait sincère pour la vie mondaine que par l'effet évocateur du nom de Guermantes, qui le replonge dans les souvenirs de son enfance à Combray. Il relit l'invitation jusqu'à ce que le nom perde sa magie et redevienne une simple suite de lettres.

Le lendemain, il se rend chez les Guermantes en voiture. Le prince a quitté son ancien hôtel pour un nouveau, avenue du Bois, ce qui brise encore davantage l'illusion que le narrateur avait autrefois entretenue sur l'héritage aristocratique. Il réalise que les croyances de l'enfance s'évanouissent avec le temps et que ce qui paraissait magique devient banal. Cependant, le trajet lui fait emprunter des rues liées à ses souvenirs d'enfance, notamment celles qu'il prenait avec Françoise pour aller aux Champs-Élysées. Cette réminiscence le transporte dans un passé doux et mélancolique, le détachant de ses pensées désabusées.

Arrivé aux Champs-Élysées, il aperçoit une voiture arrêtée, transportant un homme voûté aux cheveux et à la barbe entièrement blancs : c'est M. de Charlus, convalescent après une attaque d'apoplexie. Jadis fier et arrogant, il a maintenant une apparence presque shakespearienne et une humilité nouvelle. À la surprise du narrateur, il salue avec un profond respect Mme de Sainte-Euverte, qu'il méprisait autrefois. Ce changement marque pour le narrateur la fragilité de l'orgueil humain et la vanité des hiérarchies sociales.

En échangeant avec M. de Charlus, le narrateur constate que son intelligence reste vive malgré ses difficultés d'élocution. Charlus évoque les disparus de son monde avec une froideur presque triomphale, comme s'il prenait conscience de sa propre survie. Jupien, qui veille sur lui, confie au narrateur les bizarreries du baron, notamment ses tentatives de séduction malgré sa cécité temporaire. Il explique également que Charlus, dans ses moments de confusion, se laisse aller à des confidences imprudentes, notamment sur sa germanophilie. Peu après, Jupien interrompt leur conversation en voyant que le baron tente de parler à un jardinier, le traitant désormais comme un grand enfant.

Poursuivant son trajet vers la matinée chez les Guermantes, le narrateur médite sur son absence de plaisir devant les descriptions de la nature et son incapacité à ressentir une véritable inspiration littéraire. Il tente d'évoquer des souvenirs de Venise, mais ceux-ci lui semblent fades, comme des images figées. Cette prise de conscience le pousse à accepter pleinement la vie mondaine, puisqu'il n'a plus d'autre espoir d'accomplissement. Il se remémore les paroles de Bergotte sur les « joies de l'intelligence », mais ne voit dans sa lucidité qu'une stérilité douloureuse. Pourtant, il pressent que c'est souvent dans les moments où tout semble perdu qu'un signe peut survenir pour nous sauver.

Dans cette seconde partie du chapitre III, le narrateur arrive dans la cour de l'hôtel de Guermantes, l'esprit envahi de pensées moroses. Il fait un faux pas sur deux pavés inégaux et s'apprête à tomber lorsque le contact d'un pavé plus bas fait brusquement ressurgir en lui un bonheur ancien. Cette sensation inattendue, analogue à celle autrefois provoquée par la madeleine, par les arbres aperçus autour de Balbec ou par les clochers de Martinville, lui redonne foi en la littérature. Il décide de comprendre, cette fois, pourquoi ces réminiscences, sans qu'il ait raisonné ni découvert d'arguments nouveaux, dissipent ses découragements.

Dans la cour, chaque fois qu'il reproduit le même mouvement – poser le pied sur le pavé moins élevé – il ne retrouve pas aussitôt la félicité. Mais s'il revit intérieurement ce moment unique, alors resurgit la vision lumineuse : c'est Venise jadis liée pour lui aux deux dalles inégales du baptistère de Saint-Marc. Ainsi se recrée tout ce que la mémoire seule est impuissante à restituer. Cette découverte renouvelle en lui l'état d'esprit qu'il avait lors de la fameuse madeleine trempée dans le thé. Il réalise combien les souvenirs profonds – « en dehors du temps » – effacent ses doutes et lui rendent indifférente la perspective de la mort.

Au premier étage de l'hôtel, on le prie d'attendre que se termine un morceau de musique. Dans le petit salon-bibliothèque, deux autres réminiscences surgissent : d'abord le bruit d'une cuiller heurtant une assiette lui rappelle le marteau d'un employé réparant une roue de train devant un petit bois, puis l'odeur d'une serviette empesée l'emplit d'une sensation de mer et de grand air, évoquant Balbec. Ces « avertissements » du passé, si puissants et pourtant si fugitifs, invitent le Narrateur à en percer le mystère. Il revoit que seul un hasard peut tirer soudain un souvenir vrai de l'oubli, alors que la mémoire volontaire ou l'intelligence échouent à le faire revivre.

Il se souvient de la « petite phrase » de Vinteuil autrefois associée à Swann, se demande si la joie procurée par ces impressions renouées n'est pas ce que Swann recherchait en vain par l'amour, au lieu de la création artistique. Pour le Narrateur, ces instants affranchis du temps révèlent que l'essence profonde de la vie n'a de réalité que dans l'art. C'est pourquoi, pressé de retrouver le « livre intérieur » où ces signes se cachent, il se convainc que toute vie individuelle contient, sans qu'on le soupçonne, une « matière » à la fois commune et personnelle qui n'affleure que lorsque le présent coïncide, par un détail, avec un passé lointain.

De plus, il comprend que faire renaître ces souvenirs en les « déchiffrant » pour en extraire un sens universel est précisément l'acte de la création littéraire. Il compare cette tâche à une reconstitution : l'écrivain, s'il veut toucher au vrai, doit accepter de dénouer les illusions, tirer de l'ombre ces parcelles d'essence cachées pour les convertir en un équivalent spirituel. Il n'a pas le choix de ses matériaux : ce sont les sensations imposées par le hasard qui garantissent l'authenticité de l'impression. Les autres procédés – la mémoire uniforme, les raisonnements logiques – conduisent à des reconstitutions artificielles.

Ainsi, malgré ses doutes sur sa santé et l'urgence de la tâche, le narrateur s'aperçoit que toute sa vie l'a préparé, à son insu, à l'entreprise littéraire. Chaque souffrance ou plaisir (amour pour Albertine, pour Gilberte, pour la duchesse de Guermantes...) forme une « réserve » de matières à exploiter. Retrouver l'« essence » des moments qu'il croyait perdus et les déployer dans un livre sera la seule manière de leur donner une réalité durable. Le narrateur devine que l'art digne de ce nom recompose exactement la vie, en fait percevoir la beauté authentique, incomprise par l'habitude. Il veut décrire non le passé sans relief, mais la vie telle qu'elle était lorsqu'elle le traversait, cette vie « vraie » qu'une seule sensation peut révéler.

Les invitations mondaines et toutes les préoccupations futiles doivent être sacrifiées à cette grande besogne. L'exactitude de la transcription, loin du pur réalisme ou de la logique abstraite, exigera de dégager la même « épaisseur » du passé reconstitué que ces fragments de bonheur lui ont dévoilée : saisir les impressions initiales, les approfondir, leur redonner leurs lueurs spécifiques et l'ampleur de leur contexte oublié, puis découvrir dans leur arrangement la loi d'ensemble qui fait l'unité de l'œuvre.

Cependant, arrivé dans le salon de la princesse de Guermantes, le narrateur voit surgir brutalement la vieillesse chez des gens qu'il a connus jeunes. Leurs visages sont méconnaissables, parfois blanchis de barbe et de cheveux, parfois défaits ou boursouflés. Cette confrontation brutale l'atterre : en chacun, il reconnaît un passé immatériel considérable, qui pourtant s'est écoulé pour eux comme pour lui. Certains se déplacent péniblement, soutenus par des cannes, d'autres, tel M. de Charlus (à demi paralysé et méconnaissable), ou encore la vieille Odette, se sont transformés au point de devenir spectres ou caricatures d'eux-mêmes.

Le narrateur découvre dans ces formes altérées l'effet visible de la durée : cette dimension du temps qui surimpose aux êtres de nouveaux aspects et peut les rendre méconnaissables. Il retrouve Gilberte, devenue la marquise de Saint-Loup, et parle avec elle. On évoque les souvenirs de son mari Robert (mort à la guerre) et les changements survenus dans la famille Guermantes. Il constate combien la société elle-même a subi d'étonnantes métamorphoses : Mme Verdurin est devenue princesse de Guermantes, Bloch (ex-camarade timide) passe désormais pour un intellectuel recherché, etc.

Au milieu du tumulte, le narrateur comprend surtout que ces bouleversements ont pour sens ultime de lui révéler plus clairement l'action secrète du Temps et de l'enfermer dans l'urgence de son projet. Il prend la mesure de la fragilité de la vie, des accidents, de la mort qui peut survenir avant qu'il n'ait pu accomplir son œuvre. Revenu dans la bibliothèque, il médite sur la nécessité de commencer tout de suite, malgré ses forces déclinantes. C'est maintenant qu'il doit entreprendre l'immense tâche de retrouver toutes ses impressions vécues, les convertir en vérité artistique, avant que la maladie ou le hasard n'éteignent à jamais son esprit. Ainsi le livre qu'il se propose d'écrire ne sera pas tant une succession d'événements qu'une exploration de la réalité des êtres « plongés dans le Temps », afin de montrer comment l'existence individuelle s'étire et se déploie dans cette quatrième dimension, seul lieu où l'on puisse entrevoir la vraie vie et la fixer dans une œuvre.

LES RAISONS
DU SUCCÈS

Le Temps retrouvé doit son succès à une conjonction remarquable d'éléments liés à l'époque, aux mouvements littéraires en pleine mutation, et à l'ampleur de sa réception publique et critique. Lorsque ce roman paraît, la France sort douloureusement de la Première Guerre mondiale. Les lecteurs, encore marqués par le traumatisme du conflit, trouvent dans cette œuvre une réflexion profonde sur la mémoire, le temps, et la perte, qui résonne avec une acuité particulière. La guerre occupe une place significative dans le récit, notamment à travers des scènes qui restituent la désorganisation de Paris ou l'absurdité de certaines attitudes patriotiques. Cela touche une génération entière, pour qui la guerre a été un point de bascule, une fracture existentielle. Dans une société qui tente de se reconstruire, l'introspection et la quête de sens que propose Proust apparaissent comme des réponses aux incertitudes de l'époque. Le narrateur qui comprend, à la fin de son parcours, que la littérature peut donner un sens à la vie et vaincre symboliquement le temps, offre un message de consolation intellectuelle et spirituelle dans un monde bouleversé.

Sur le plan des formes d'écriture, l'œuvre s'impose aussi parce qu'elle cristallise les transformations profondes qui agitent la littérature au début du XXe siècle. À une époque où les romanciers traditionnels cèdent peu à peu la place à des écrivains qui expérimentent les structures narratives et les représentations psychologiques, Proust apparaît comme une figure de proue. Il pousse à l'extrême les innovations entamées par Flaubert et les symbolistes, en développant une prose sinueuse, introspective, à la syntaxe étirée, qui épouse les mouvements les plus subtils de la conscience. *Le Temps retrouvé*, en révélant rétroactivement la construction cyclique de toute la *Recherche*, donne une cohérence formelle et philosophique à l'ensemble. L'idée de « temps retrouvé » transforme en profondeur le rapport à la narration, rompant avec la linéarité pour instaurer un va-et-vient constant entre souvenirs, perceptions et interprétations. Dans un moment où James Joyce publie *Ulysses* et où Kafka remodèle le roman avec ses labyrinthes mentaux, Proust est reconnu comme un des grands artisans de ce renouvellement. Les cercles intellectuels, de la *Nouvelle Revue Française* à certains salons parisiens, contribuent à diffuser ce regard neuf sur l'art du roman, nourrissant une admiration croissante pour une œuvre qui semblait, quelques années plus tôt, trop hermétique pour le grand public.

Enfin, le retentissement du *Temps retrouvé* s'explique aussi par les relais puissants dont bénéficie l'auteur à la fin de sa vie et après sa mort. Proust, d'abord moqué ou jugé marginal, est progressivement érigé en monument national par l'effet conjugué d'alliés littéraires influents – comme André Gide, qui, après avoir initialement refusé *Du côté de chez Swann*, se fait le promoteur passionné de son génie – et d'une presse qui, à mesure que la *Recherche* s'achève, consacre des pages enthousiastes à cette entreprise hors norme. La publication posthume du dernier volume ajoute une dimension presque sacrée à la réception du texte : le lecteur accède à une forme d'accomplissement, une révélation finale attendue depuis des années. Les critiques littéraires de l'époque, tels que Paul Souday dans *Le Temps* ou Albert Thibaudet, soulignent la profondeur philosophique de cette dernière étape du cycle, en la comparant aux grandes œuvres de la modernité naissante. En parallèle, l'image de Proust devient celle d'un génie solitaire, hypersensible, malade mais d'une lucidité fulgurante, ce qui alimente la fascination. Les anecdotes sur sa vie nocturne, ses habitudes d'écriture dans sa chambre capitonnée ou ses fréquentations mondaines donnent à sa figure une aura quasi mythique. Le succès du *Temps retrouvé* ne tient donc pas seulement à ses qualités intrinsèques, mais à l'écho qu'il trouve dans un monde avide de repères, en quête de beauté et de vérité, à un moment où l'art semble l'un des derniers refuges face au désordre du réel.

LES THÈMES
PRINCIPAUX

Dans *Le Temps retrouvé*, Marcel Proust donne une dimension décisive à l'expérience du temps en l'inscrivant dans la chair de la mémoire, plus précisément dans la mémoire involontaire, qui devient le moteur central de la révélation artistique du narrateur. Tout au long du roman, les instants de réminiscence surgissent sans avertir, déclenchés par une sensation physique qui court-circuite l'effort intellectuel ou volontaire. Le moment le plus emblématique survient lorsque le narrateur, trébuchant dans la cour de l'hôtel de Guermantes sur un pavé légèrement enfoncé, retrouve brutalement le souvenir d'une scène vécue à Venise. Cette impression sensorielle – l'inégalité du sol sous son pied – réveille en lui un souvenir précis, qu'il croyait perdu, et provoque une joie indicible, une certitude intime qu'il tient enfin la clé de son œuvre. De la même façon, un tintement de cuillère contre une assiette dans une salle à manger, ou encore le contact d'une serviette empesée contre ses lèvres, déclenchent chez lui des réminiscences puissantes. Ces moments n'ont pas de logique apparente, mais leur force vient précisément de leur gratuité, de leur surgissement hors du temps linéaire. Contrairement à la mémoire volontaire, souvent décevante ou imprécise, ces éclairs du passé restituent avec une intensité intacte les émotions anciennes. Le narrateur comprend alors que le passé n'est pas détruit, mais simplement caché, enfoui dans les plis de la sensation. Cette prise de conscience éclaire rétrospectivement la scène célèbre de la madeleine trempée dans le thé, qui inaugurait cette dynamique dans *Du côté de chez Swann*, mais qui ici trouve enfin son accomplissement théorique et artistique. Les souvenirs de Combray, de la chambre de sa tante Léonie, du goût du gâteau, ne sont plus simplement des évocations nostalgiques, ils deviennent la matière même d'un art nouveau. La mémoire involontaire révèle une vérité que l'analyse ne peut atteindre, et cette vérité, profondément personnelle, donne au narrateur l'assurance qu'il peut écrire son livre, non comme une autobiographie linéaire, mais comme une construction où le temps éclaté se reconstruit dans la sensation. Ainsi, les lieux, les objets, les gestes les plus anodins – le grincement d'un parquet, la saveur d'un gâteau, la lumière sur un rideau – deviennent les messagers du passé. Le temps, loin de se réduire à une fuite irréversible, devient une matière vivante, à la fois perdue et retrouvée, dont l'art peut faire l'éternité. Le narrateur, en comprenant cela, passe du statut de témoin à celui de créateur, et c'est cette bascule qui donne au roman toute sa portée : non seulement un récit de souvenirs, mais une méditation sur la puissance de la mémoire comme instrument de vérité et de salut.

Par ailleurs, dans *Le Temps retrouvé*, le narrateur porte un regard rétrospectif sur le monde social qu'il a longtemps cherché à intégrer, et qu'il observe désormais avec une distance teintée d'ironie et de désillusion. Ce qui, autrefois, lui semblait prestigieux et fascinant – les salons aristocratiques, les cercles d'initiés, les figures du gotha parisien – lui apparaît désormais comme un théâtre creux où se joue une comédie vaine et répétitive. Les personnages qui incarnaient l'élégance, l'intelligence ou le pouvoir deviennent les figures d'un déclin inévitable, révélant la fragilité de ces constructions sociales. Le baron de Charlus, par exemple, autrefois tout-puissant dans l'univers mondain, sombre dans le ridicule et l'excès, caricature de lui-même, tyrannique et grotesque dans ses obsessions, incapable de conserver la grandeur qu'on lui prêtait. Robert de Saint-Loup, qui avait représenté pour le narrateur un idéal de noblesse et de bravoure, devient à son tour un homme comme les autres, tiraillé par ses contradictions et piégé dans un mariage malheureux avec Rachel, une ancienne courtisane. La duchesse de Guermantes, autrefois figure de beauté inaccessible et de raffinement, apparaît vieillie, figée dans ses manières, vidée de sa superbe. Même les Verdurin, qui avaient construit leur pouvoir sur la maîtrise de leur petit clan bourgeois et artistique, finissent par incarner un snobisme déplacé, devenant eux-mêmes les caricatures de ceux qu'ils méprisaient. Le narrateur perçoit alors que les hiérarchies sociales, les réputations, les titres, tout cela n'a qu'un temps, et que le monde mondain repose sur une illusion entretenue par les apparences. Le passage du temps agit ici comme un révélateur cruel : il use les êtres, démasque les vanités, et réduit les grands noms à des anecdotes dérisoires. Ainsi, ce que le narrateur a gagné n'est pas une place dans ces cercles, mais la lucidité de celui qui a traversé les faux-semblants. Il comprend que la véritable vie ne se trouve pas dans les salons mais dans la profondeur de l'expérience intérieure, et que la société n'est qu'un décor fragile, voué à s'effriter. Cette révélation donne à son regard une acuité nouvelle : il ne juge pas avec amertume, mais avec une ironie douce-amère, comme un homme qui a cessé de croire à la magie des rangs et des réputations. C'est dans ce désenchantement que naît sa liberté d'écrivain, capable désormais de transformer l'insignifiance mondaine en matériau littéraire, et de faire surgir la vérité sous le masque du paraître.

Enfin, dans *Le Temps retrouvé*, la Première Guerre mondiale agit comme une fracture irréversible dans le monde que le narrateur a connu, accélérant les transformations sociales et révélant la vanité des illusions d'avant-guerre. Le conflit n'est pas décrit à travers de longues scènes de combat, mais par des touches impressionnistes, par ses effets sur les individus et les lieux familiers. Ainsi, la guerre pénètre dans le récit comme une toile de fond sourde mais constante, altérant la perception du réel et précipitant la décadence de la société mondaine. Robert de Saint-Loup, ami intime du narrateur, incarne tragiquement cette rupture : parti au front avec un courage certain, il y trouve la mort, image poignante de la jeunesse sacrifiée, de l'élite fauchée dans sa promesse. Sa disparition bouleverse profondément le narrateur, qui voit dans ce destin brisé une métaphore de l'effondrement d'un monde. D'autres personnages portent les stigmates de la guerre d'une manière plus insidieuse : Cottard, médecin devenu plus cynique encore, affiche une indifférence glaciale à la souffrance, tandis que le baron de Charlus, retranché dans ses excentricités, semble de plus en plus déconnecté d'une réalité désormais marquée par la violence collective. Même les espaces familiers sont transfigurés : les hôtels, les rues de Paris, les salons mondains sont vidés de leur faste, assombris par la menace constante et le deuil. La guerre agit comme un révélateur et un accélérateur : les anciennes valeurs s'effondrent, les hiérarchies se recomposent, et le monde d'après se dessine plus brutal, plus cynique, moins attaché aux formes. Le narrateur note aussi l'étrange coexistence entre la continuité de la vie sociale – les dîners, les conversations futiles – et l'ombre de la mort omniprésente. Ce décalage crée un effet de malaise, une forme d'absurdité glaçante : alors que des millions meurent sur le front, les mêmes conversations sur les alliances, les robes ou les potins reprennent dans les salons, comme si rien n'avait changé. Et pourtant tout a changé. À travers ces épisodes, Proust montre que la guerre ne détruit pas seulement les corps, mais aussi les certitudes, les repères, les illusions. Elle annonce la fin d'une époque, celle d'un monde ancien que la mémoire pourra peut-être ressusciter, mais qui ne reviendra jamais tel quel.

ÉTUDE DU MOUVEMENT LITTÉRAIRE

Le Temps retrouvé s'inscrit dans un mouvement littéraire complexe, à la croisée de plusieurs courants, mais il est le plus souvent rattaché au modernisme, dont il est l'un des plus brillants représentants. Ce mouvement, qui se développe en Europe à la fin du XIXe siècle et au début du XXe, marque une rupture profonde avec les conventions du roman traditionnel, en particulier celles du réalisme et du naturalisme qui dominaient la littérature du XIXe siècle. Là où Zola, par exemple, décrivait l'homme comme déterminé par son hérédité et son environnement social, Proust, à l'inverse, explore l'intériorité, les perceptions fugitives, les résonances de la mémoire, refusant de réduire l'individu à des lois générales. L'œuvre proustienne ne raconte pas une histoire linéaire fondée sur l'action, mais constitue une exploration du moi, de la conscience, du passage du temps. Ce rejet de la narration traditionnelle est typique du modernisme, qui place l'expérience subjective au centre de la création artistique.

Dans *Le Temps retrouvé*, le récit se déploie selon une logique intérieure, presque musicale, et non selon une succession d'événements objectivement organisés. Le temps n'est pas une donnée stable : il est vécu, ressenti, reconstruit. Ce traitement du temps, justement, est l'un des aspects les plus novateurs du roman. Proust ne cherche pas à représenter le temps tel qu'il s'écoule dans la réalité mesurable, mais tel qu'il est vécu par la conscience : dilaté, suspendu, recomposé. Ce traitement trouve son apogée dans la fameuse scène de la mémoire involontaire, où le narrateur, goûtant une madeleine trempée dans du thé, retrouve soudain tout un pan de son passé enfoui. Le souvenir n'est pas convoqué volontairement ; il surgit, intact, et abolit la séparation entre le passé et le présent. Ce type d'écriture, qui privilégie l'introspection, les sensations, les impressions fragmentaires, s'éloigne radicalement de la narration classique à la Balzac ou à la Flaubert, et annonce toute une part de la littérature contemporaine, de Virginia Woolf à Claude Simon.

Par ailleurs, *Le Temps retrouvé* s'inscrit aussi dans une tradition esthétique qui dépasse les seules préoccupations psychologiques. L'art y occupe une place centrale, non seulement comme thème, mais aussi comme modèle d'écriture. Le narrateur découvre que seule l'œuvre d'art permet de fixer les vérités que la vie éparpille et dissimule. Le roman lui-même devient une forme d'art total, visant à donner une forme à la durée, à saisir l'essence des êtres et des choses. Cette ambition esthétique fait écho à celle d'écrivains comme James Joyce ou Thomas Mann, autres figures majeures du modernisme européen. Comme eux, Proust rompt avec la narration transparente et adopte une écriture dense, sinueuse, foisonnante, qui cherche à dire l'indicible. Les longues phrases proustiennes, pleines de parenthèses et de digressions, ne sont pas de simples effets de style : elles traduisent la complexité de la pensée, la fluidité de la conscience, la richesse du réel intérieur.

Enfin, Proust s'éloigne aussi de la tradition romanesque par son traitement du personnage. Dans *Le Temps retrouvé*, les figures comme Charlus, Saint-Loup, les Verdurin, la duchesse de Guermantes, évoluent moins en fonction d'une logique d'intrigue que comme des figures symboliques, presque musicales, qui reviennent, se modulent, se transforment. Ils ne sont pas des caractères au sens classique, mais des échos, des motifs, des lignes dans la grande fresque du temps. Cette approche, là encore, le rapproche des grands expérimentateurs de son époque, qui voient dans le roman non plus un miroir du monde extérieur, mais une construction esthétique visant à saisir le monde intérieur. En somme, *Le Temps retrouvé* est une œuvre emblématique du modernisme : elle rompt avec la représentation classique, fait de la mémoire et de la conscience ses matières premières, et redéfinit le roman comme un espace de quête, de révélation, d'expérience esthétique. Par cette ambition, Proust transforme profondément le roman français et trace la voie d'une littérature nouvelle, tournée vers l'exploration du moi, de la perception, et du temps vécu.

DANS LA MÊME COLLECTION
(par ordre alphabétique)

- **Anonyme**, *La Farce de Maître Pathelin*
- **Anouilh**, *Antigone*
- **Aragon**, *Aurélien*
- **Aragon**, *Le Paysan de Paris*
- **Austen**, *Raison et Sentiments*
- **Balzac**, *Illusions perdues*
- **Balzac**, *La Femme de trente ans*
- **Balzac**, *Le Colonel Chabert*
- **Balzac**, *Le Lys dans la vallée*
- **Balzac**, *Le Père Goriot*
- **Barbey d'Aurevilly**, *L'Ensorcelée*
- **Barbey d'Aurevilly**, *Les Diaboliques*
- **Bataille**, *Ma mère*
- **Baudelaire**, *Les Fleurs du Mal*
- **Baudelaire**, *Petits poèmes en prose*
- **Beaumarchais**, *Le Barbier de Séville*
- **Beaumarchais**, *Le Mariage de Figaro*
- **Beauvoir**, *Mémoires d'une jeune fille rangée*
- **Beckett**, *En attendant Godot*
- **Beckett**, *Fin de partie*
- **Brecht**, *La Noce*
- **Brecht**, *La Résistible ascension d'Arturo Ui*
- **Brecht**, *Mère Courage et ses enfants*
- **Breton**, *Nadja*
- **Brontë**, *Jane Eyre*
- **Camus**, *L'Étranger*
- **Carroll**, *Alice au pays des merveilles*
- **Céline**, *Mort à crédit*

- **Céline**, *Voyage au bout de la nuit*
- **Chateaubriand**, *Atala*
- **Chateaubriand**, *René*
- **Chrétien de Troyes**, *Perceval ou le conte du Graal*
- **Chrétien de Troyes**, *Yvain ou le Chevalier au lion*
- **Cocteau**, *La Machine infernale*
- **Cocteau**, *Les Enfants terribles*
- **Colette**, *Le Blé en herbe*
- **Corneille**, *Le Cid*
- **Crébillon fils**, *Les Égarements du cœur et de l'esprit*
- **Defoe**, *Robinson Crusoé*
- **Dickens**, *Oliver Twist*
- **Du Bellay**, *Les Regrets*
- **Dumas**, *Henri III et sa cour*
- **Duras**, *L'Amant*
- **Duras**, *La Pluie d'été*
- **Duras**, *Un barrage contre le Pacifique*
- **Flaubert**, *Bouvard et Pécuchet*
- **Flaubert**, *L'Éducation sentimentale*
- **Flaubert**, *Madame Bovary*
- **Flaubert**, *Salammbô*
- **Gary**, *La Vie devant soi*
- **Giraudoux**, *Électre*
- **Giraudoux**, *La Guerre de Troie n'aura pas lieu*
- **Gogol**, *Le Mariage*
- **Homère**, *L'Odyssée*
- **Hugo**, *Hernani*
- **Hugo**, *Les Misérables*
- **Hugo**, *Notre-Dame de Paris*
- **Jaccottet**, *À la lumière d'hiver*
- **James**, *Une vie à Londres*
- **Jarry**, *Ubu roi*
- **Kafka**, *La Métamorphose*

- **Kerouac**, *Sur la route*
- **Kessel**, *Le Lion*
- **La Fayette**, *La Princesse de Clèves*
- **Le Clézio**, *Mondo et autres histoires*
- **Levi**, *Si c'est un homme*
- **London**, *Croc-Blanc*
- **London**, *L'Appel de la forêt*
- **Maupassant**, *Boule de suif*
- **Maupassant**, *Le Horla*
- **Maupassant**, *Une vie*
- **Molière**, *Amphitryon*
- **Molière**, *Dom Juan*
- **Molière**, *L'Avare*
- **Molière**, *Le Malade imaginaire*
- **Molière**, *Le Tartuffe*
- **Molière**, *Les Fourberies de Scapin*
- **Musset**, *Les Caprices de Marianne*
- **Musset**, *Lorenzaccio*
- **Musset**, *On ne badine pas avec l'amour*
- **Perec**, *La Disparition*
- **Perec**, *Les Choses*
- **Perrault**, *Contes*
- **Prévert**, *Paroles*
- **Prévost**, *Manon Lescaut*
- **Proust**, *À l'ombre des jeunes filles en fleurs*
- **Proust**, *Albertine disparue*
- **Proust**, *Du côté de chez Swann*
- **Proust**, *Le Côté de Guermantes*
- **Proust**, *Le Temps retrouvé*
- **Proust**, *Sodome et Gomorrhe*
- **Queneau**, *Exercices de style*
- **Quignard**, *Tous les matins du monde*
- **Rabelais**, *Gargantua*

- **Rabelais**, *Pantagruel*
- **Racine**, *Andromaque*
- **Racine**, *Bérénice*
- **Racine**, *Britannicus*
- **Racine**, *Phèdre*
- **Renard**, *Poil de carotte*
- **Rimbaud**, *Une saison en enfer*
- **Sagan**, *Bonjour tristesse*
- **Saint-Exupéry**, *Le Petit Prince*
- **Sarraute**, *Enfance*
- **Sarraute**, *Tropismes*
- **Sartre**, *Huis clos*
- **Sartre**, *La Nausée*
- **Senghor**, *La Belle histoire de Leuk-le-lièvre*
- **Shakespeare**, *Roméo et Juliette*
- **Steinbeck**, *Les Raisins de la colère*
- **Stendhal**, *La Chartreuse de Parme*
- **Stendhal**, *Le Rouge et le Noir*
- **Verlaine**, *Romances sans paroles*
- **Verne**, *Une ville flottante*
- **Verne**, *Voyage au centre de la Terre*
- **Vian**, *J'irai cracher sur vos tombes*
- **Vian**, *L'Écume des jours*
- **Voltaire**, *Candide*
- **Voltaire**, *Micromégas*
- **Voltaire**, *Zadig*
- **Zola**, *Au Bonheur des Dames*
- **Zola**, *L'Argent*
- **Zola**, *L'Assommoir*
- **Zola**, *Nana*
- **Zola**, *Pot-Bouille*